VIBES THAT HAUT

AF444424

Writers Desk

ZAHID ASHRAF

Writers Desk

Writers Desk
Published by Notion Press 2000
Copyright © <Zahid Ashraf> 2000
All Rights Reserved.

ISBN 9798587801523

This book has been published with all reasonable efforts taken to make the material error-free after the consent of the author. No part of this book shall be used, reproduced in any manner whatsoever without written permission from the author, except in the case of brief quotations embodied in critical articles and reviews.

The Author of this book is solely responsible and liable for its content including but not limited to the views, representations, descriptions, statements, information, opinions and references ["Content"]. The Content of this book shall not constitute or be construed or deemed to reflect the opinion or expression of the Publisher or Editor. Neither the Publisher nor Editor endorse or approve the Content of this book or guarantee the reliability, accuracy or completeness of the Content published herein and do not make any representations or warranties of any kind, express or implied, including but not limited to the implied warranties of merchantability, fitness for a particular purpose. The Publisher and Editor shall not be liable whatsoever for any errors, omissions, whether such errors or omissions result from negligence, accident, or any other cause or claims for loss or damages of any kind, including without limitation, indirect or consequential loss or damage arising out of use, inability to use, or about the reliability, accuracy or sufficiency of the information contained in this book.

Dedicated To

YOU

Writers Desk

A GUIDING HAND TO BUDDING AND CREATIVE WRITERS

A JOURNEY FROM WRITER TO AUTHOR.

Foreword

"VIBES THAT HAUNT", IS A COMPILATION OF
COUPLETS, POEMS, MICROTALES, LETTERS, PROSE
AND QUOTES BASED ON LOVE, SEPERATION AND
SELF DISCOVERY.

YOU READ IT ANYWHERE, ANYTIME AND YOU WILL
CONNECT WITH IT IN ONE WAY OR THE OTHER.
IT WILL ALWAYS REMAIN YOUR ALLY AND
RERMIND YOU OF WHO YOU TRUELY ARE

Acknowledgments

THE COMPLETION OF THIS UNDERTAKING COULD NOT HAVE BEEN POSSIBLE WITHOUT THE PARTICIPATION AND ASSISTANCE OF SO MANY PEOPLE WHO'S NAMES MAY NOT ALL BE ENUMERATED. EVERYONES CONTRIBUTION IS SINCERELY APPRECIATED AND GRATEFULLY ACKNOWLEDGED.

SPECIAL THANKS TO THE "Writers Desk" FOR MAKING IT POSSIBLE FOR ME TO PUBLISH THIS BOOK AND ASSISTING ME DURING ALL ODDS

<u>"Sajde"</u>

"Laazmi hai ibaadat mein dil ka bhi jhukna, Mehaz

sar k jhukaane ko sajda nahi kehte" Ye kya hai mje

sajde mein sukoon kyu nahi mil raha,

Mera dil kyun bechain hai har waqt

Mai sajda tou kar raha hu lekin bandagi kyun nahi

hai, dil mutmayin kyun nahi hai

Mere Rab ka tou waada hai Sajde mein mujhe

pavoge Mere Rab ka tou waada hai, tum sajda karo

hal bhi nikal aayega

In sajdoon ki qubooliyat ka waada hota hai
haqeekatan

Aur Waada hai humse hamare Rab ka, Tum Duaa
ko haath uthavoge Vo khaali nahi bejega

Kyun phir duniya k ahbab mein kho se gaya hai
hum, Kyun bas sajda ada karne ko ibaadat samaj
baithay hai

Dil ka sukoon bhi hamesha talaashte rahe ahbab mein, Kbi sajdoon mein bhi talaasha hota, mil hi jata

Aur hal bhi nikal aayega gar ho dil ka sajda, Niyat saaf nahi hoti mehaz saja kar nishan-e-sajda

Nateeje bhi niyatoon pe milte hai sajdoon ki banawat pe nahi, Gar Ho dil mein bandagi tou pavoge sajde mein Khuda ko

"Haan Laazmi hai ibaadat mein dil ka bhi jhukna, Mehaz sar k jhukaane ko sajda nahi kehte.."

-Zahid Ashraf

I was not the one i was acting like,I never wanted to be the one i became like, I tried so much to control myself,But every night i found myself afraid, Like sitting in the room corner,I was watching myself changing from here to there, I was rejected but was never answered,I was never satisfied with any reason, All i was expected to go on accepting, Accepting everything that was going on,Slowly somewhere i was trying to rebuilt me, Rebuilt in a manner where I dont lose them, Them with whom I always wanted to be with, And i lost them because of my mistakes, Mistakes that i never realised i did,And then when i had nothing to lose further, I found myself as an unbreakable stone,A stone who maintains itself as same, Whatever goes on around doesnt matter,I felt like i have burnt my feelings and affections to ashes, But now also i want to thank everyone those who criticised, Who left me alone in the battle to fight myself,For if they wouldn't had done that,I would have never been at this point,A point where i think i belong to everyone, But dont want anyone to belong to me,I am at a point of success where i have what i deserve.

Bikhair Detay Hai Insan Ko Kuch Halaat Zindagi Kay.

Har Bikhra Hua Shaks Ishq Mai Nahi Bikharta..

Dastaan-e-mohabbat Kya Bataye Tumhe Aye Dost.

Chal Kar Mukamal Na Hua Safar Aur Ruk Kar Bhi
Na Mila Humsafar Humko..

Ye Fursat Ki Shaamein Bhi Badi Ajeeb Hoti Hai..

Kabhi Mai Unhe Sochta Hu, Toh Kabhi Vo Yaad Aajate Hai..

Pyar Ki Tarah Dosti Ka Safar Bhi Adhura Reh Gaya..

Pyar Mai Dil Aur Dosti Mai Bharosa Toot Gaya..

Kyu Zehmat Utha Rahe Ho Uss Shaks Ke Liye..

Jo Shaks Masroof Hai Apni Zindagi Mai Tumhari
Zindagi Fanaa Kar Ke..

Likha Hua Humara Pohancha Iss Kadar Se Tum Tak..

Likhay Thay Jazbaat Humne Aur Samjhay Bas Alfaaz Tumne..

Guzar Jate Hai Woh Lamhay Kuch Hi Pal Mein..

Jinhay Hum Jeenay Kay Liye Pal Pal Tarastay Hai..

He Is Strong..

But He Has A Heart,

He Can Feel Too

Mohabbat K Nashe Mein Kuch Iss Kadar Haal
Raha..

Sajda Khuda Ko Karna Tha, Aur Hum Unhe Kar
Baithay

Baat Jazbay Ki Nahi Jazbaat Ki Hoti Hai..

Warna Hum Bhi Tumhe Aisa Bhule Ki Sada Yaad Karoge..

They Said "Money Cannot Buy You Happiness.."

But Did They Ever Talked With An Orphan..?

27

Bada Ajeeb Ittefaq Hai Yahaan logun Ka..

Mohabbat Bhi Chahiye Aur 'Aah' Bhi Na Lage..

Duniya Kay Ahbaab Mein Kahin Kho Se Gaye Hai Loog..

Bas Sajda Ada Karne Ko Ibadat Samaj Baithay Hai..

Literally They Say : Love, Failure, breakup, betrayal... Hurts The Most.

But Have They Ever Seen The Teary Eyes Of A Mother?

Majburiyan Kuch Shayad Tum Samjhay Nahi Hamari..

Hote Hamari Jagah Toh Shayad Samaj Jatay..

Muqaddar Mein Hamare Toh Kuch Aur He Likha
Tha..

Mohabbat Bhi Unse Huwi Jo Kisi Aur Kay Thay..

Yun Toh Hum Bhul Na Paye Uss Shaks Ko Kbi..

Jis Shaks Ne Humein Kuch He Pal Mein Bhula Diya..

Riha Na Kar Paye Chahte Huwe Bhi khud ko..

Mohabbat Mein Unki Qaid Se Hogaye Thay Hum..

Uss Shaks Se Milke Kuch Yun Hua..

Humko Jannat Ki Talab Bhi Na Rahi Uss Shaks Se
Milne K Baad..

"Ishq ko ishq keh dene se ishq nahi hai hota"

Ishq ko zubaan ki zaroorat nahi padti, ishq tou mehsoos hai hota, Ishq ko bas keh dene se ishq nahi hai hota

Khabar nahi hui humko bhi ki ishq kab hai hua Ishq ko bas keh dene se ishq nahi hai hota

Maloom thi har baat unki humein, phir bhi hamesha humne suna, kyunki Ishq ko bas keh dene se ishq nahi hai hota

Suna tou gaya tha mujhe, kaash samja bhi gaya hota, ishq ko bas ishq keh dene se ishq nahi hai hota

Yaad nahi aate vo, lekin unhe bhulaya bhi nahi jata,
Ishq ko bas keh dene se ishq nahi hai hota

Sambhal gaya hai dil agar tou dobara ishq kyu nahi
hota Ishq ko bas keh dene se ishq tou nahi hai hota

Kab thi manzoor humein kisi ki shirkat ishq mein,
phir bhi humne kabhi aah bhi na kiya, kyunki ishq
ko bas ishq keh dene se ishq tou nahi hai hota

Sukoon tou hamesha kehne se zyada rone se mila,
ishq ko ishq keh dene se ishq nahi hai hota

Sabr ka kaam hai ishq, jitna bhi bole phir bhi na
hoga kabhi humse bayaan, Ishq ko bas keh dene se
ishq nahi hai hota

Agaz-e-mohabbat se anjam-e-mohabbat tak sab hai
jaante ki dil hai toodna, phir bhi mohabbat ki,
kyunki bas ishq ko ishq keh dene se ishq tou nahi
hai hota

37

"Ki hai mohabbat 'Zahid', ho ek ya do tarfa, ab sabr bhi rakh, nibhana bhi seekh jaa.. Mehaz ishq ko ishq keh dene se ishq tou nahi hai hota."

-Zahid Ashraf

I Tell You,

For Them,

Yesterday Has No Connection
With Today.

And Today None To Tomorrow.

Time Heals Everything.

Maybe It Does,

But It Can't Make You Forget What They Did..!!

Nateejay Niyatoon Pe Milte Hai Sajdoon Ki Banawat Pe Nahi..

Ho Dil Mein Bandagii Toh Paaoge Sajde Mein Khuda Ko..

Koii Ahl-e-Sitam Se Jaa Ke Batlaye..

Kashmir Ke Faislay Ka Hak Sirf Kashmir Ke Logun
Ka Hai..

She May Be Known As

Your Sister,

But She Is None Less Than

A Mother.

I don't have to fall for you, In this love I rise.All the miseries and the sadness goes away Whenever I bow down to you to pray.I know it's a journey so long, But your love keeps me strong So let me give all my broken pieces to you, Take them and fix them like I am brand new When the world pains me and gives me grief It is only your love that brings me peaceWhenever I think you're near me, Whenever I think you will never forsake me,All of the bitterness of this world fades away, And your love keeps the light in my heart awake.And I don't have to fear for my past,present or future I don't have to fear which place I am goingBecause all I know is that you are with me wherever I go, You're with me and no I am never alone.

Tumne Sitam Kiye, Humne Hosla Rakha..

Lekin Yaad Rakhna, Jis Din Sabr Ki Inteha Hogayi,

Bardasht Ka Hukum Humko Bhi Nahi..

Tum Zulum Karte Gaye, Hum Darguzar Karte Gaye..

Waada Hai Hamare Rab Ka, Wakif Hai Vo Hamare Haal Se..

I Am Patrolling The Love,

The Boy said.

But I Am Tired.

Saari Duniya Se Matlab Nahi Mujko..

Meri Duniya Tou Maa Kay Aanchal Mein Basti Hai..

Apne Kirdar Se Pehchane Jate Hai Loog..

Shakl-o-surat Ki Koyi Ahmiyat Nahi Hai Yahaan..

I Have Seen "You" Missing Them.

Dear "KARMA", How Can You??

Log Milte Hi Toh Hai Bichad Jane Ke Liye..

Aur Bichadna Bhi Farz Hojata Hai Milne Ke Baad..

51

Ek Dafa Kam-Se-Kam Fariyad Toh Sunn Letay..

Phir Mohabbat Na Sahi, Dikhawa Hi Kar Detay..

Yun Toh Zindagi Mein Mile Bohat Se Log Pehle
Bhi..

Par Usme Baat Hi Kuch Alag Thi, Jo Muqaddar
Mein Nahi Thi..

Ask That Girl Who Was Forced To Get Married,

Ask That Mother Who Had Lost Her Son,

Ask Those Who Have Been Hurt Just Because They Cared And Loved Too Much..

And Then Say, Does Time Really Heals Everything??

I Have Been Hurt Enough,

There Cannot Be A Part Two Of This Story.

The king of hell,The ruler of soul's supreme

desire,The one raging in the flames of hellfire. The

spirit of night,Angel of dark,The one who is also

known as a fallen star.The twister of death, Healer

of broken hearts,He gives you whatever you crave,

But remember to return the favour when he ask.

You will see the shadows in light,And feel the

warmth in your bones,When Lucifer walks through

the tombstones.

In Sajdon Ki Qubuuliyat Ka Koyi Waada Nahi Hota..

Ahl-e-Ishq Se Jaa Kar Batlaye Ye Koii..

Halqa- e-Izdivaaj Mein   'Zahid' Baa-Qaid Hogaye
Hai Vo..

Unka Apna Faisla Bhi Ab Unka Nahi Hota..

"Baat dil ki thi"

Thi mohabbat humein unse, ya tha bas ye ek fasana, sab baat dil ki thi

Tha koyi shor mere andar, ya mai kuch toot raha tha, sab baat dil ki thi

Tha jaanna ye bohat zaroori k kis janeb chal diye hai hum, kyunki baat dil ki thi

Mila hai mere andar hi mujhe kuch mujme, Jaan liya hai iss safar mein khudko maine, kyunki baat dil ki thi

Tha vo ishq-e-mamnu, ye baat pehle se thay jaante, Phir bhi hua kuch taasiir-e-ishq humpe, kyunki baat dil ki thi

Mohabbat bhi hui thi unse, jo thay pehle se kisi aur k, ab dekh kar kya dil lagate, jab baat dil ki thi

Hua bhi tou vo kisi aur ka jana, nahi thay hum unke Kjabhi bhi, ye baat maani nahi gayi humse, kyunki baat dil ki thi

Vo sabr ki inteha jana, Vo dil ka tadapna jana, Mohabbat mein jab dil toota, tou toot kar bhi chalna pada, kyunki baat dil ki thi

Aata humko bhi unse berukhi se pesh aana, lekin kiya nahi gaya aisa kabhi humse, kyunki baat dil ki thi

Hua jo bhi tabse, kiya jo bhi tabse, kaha jo bhi tabse, phir bhi mohabbat unhi se thi hamesha, kyunki baat dil ki thi

Iss dil ki baat mein sab kuch seh liya humne, kaash ki iss dil ki baat nahi hoti, kaash ki mohabbat na hui hoti

Haan thi vo mohabbat ab samja, nahi tha vo koyi fasana, tha shor bhi mere andar, mai toot bhi raha tha

"Iss ishq k safar mein 'Zahid' , itna tou fayida hua hamara. Ki dil lagake tumse khudme safar kiya maine..

-Zahid Ashraf

Hardest Part Of Being A Brother?

Not To See Her Again On Regular Basis.

Ab Ki Baras Aavoge Toh Humein Badla Hua Pavoge..

Ab Hum Vo Nahi Rahe Jana Jo Tumpe Marte Thay Kabhi..

Kis Kis Ko Bataye Zindagi Ke Haal Apne, Ab Kisi Ka Naam Kya Le..

Bas Itna Samaj Liijiye , Ki Thay Sab Matlabi..

And That Rejection Completed The

Story Of Another Acceptance.

Whenever tried something new in life,Either was marked as imperfect or less efficient, Every step when moved forward,Taunts where what echoing in ears,As if i dont know that i am just not perfect, Obviously i am not like many others,I might not be smart as another expects, I might not be efficient as the next one,Does it means i cant try to be one among others, If i dont get what others talk in any sense,If i have different point of views, How does it mean that i m critising, Saying out my point of views,I understood was discussing on something,

Because i never asked other to shut up, Acting like what i am,Is like reveling myself and not being fake, How does it offers an opportunity to judge, Backbitching against me became a choice, But togetherness was never an award,So alone even when one among crowd, How lonely it makes me feel,Should i give away my life because i know, I know i am not capable and smart enough, So should i leave everyone forever.

67

And In The Tome Of Almost,

You Are Just Another Story I Can't Tell Anyone.

I Said I Forgive Overly,

I Never Said I Trust Second Time.

Jo Kashmir Ko Tod Kar Banana Chahte Thay Hindustan,

Jamia Aur Assam Ko Bhi Kar Gaye Vo Khuun-e-saar..

Aavaaz Na Uthaaoge Toh Tum bhi Inmein Shaamil,

Saath Na Doge Hamara Toh Tum Bhi Ek Qaatil..

Baat Bas Kashmir Ki Nahi Rahi Ab,

Ye Inka Dastuur Bhi Sahi Nahi Ab..

Aaye Thay Ye Adaakaarii Se Badalne Kashmir,

Ban Raha Hai Inki Wajah Se Hindustan Bhi Kashmir..

It Has Been An Evocative 2019,

So Many People Showed Their Colors.

Haal-e-Zindagii Bayaan Na Huwi Humse Kabhi
Jana..

Guzri Toh Yun Guzri, Ki Mohabbat Ne Bhi Haraya
Aur Kismat Ne Bhi..

And If You Can't Forget The Way They Loved,

How Can You Forget The Way They Betrayed?

Hey.

I know it hurts. It hurts so much, you can't even breathe and you go to sleep with a heavy heart every night, silencing your cries.I know it hurts so much your heart feels buried under a thousand pounds weight and your skin itches and your eyes fill with tears every now and then. But, no one has a clue about it. Because you're the strong one. You fight your wars alone, meanwhile spreading smiles on the faces of everyone who comes your way. You hurt, Man. But you would pass over oceans and surge through mountains to ensure no one hurts as much as you do. And take pride in that.

Her Repudiation Made His Life Dramatic And Hell
To Live.

His Life Was Off But Her Was On And On..

And They Have The Ability

To Change Themselves Accordingly.

Talabgaar Bhi Thay,

Khataakaar Bhi Thay..

Humein Unse Mohabbat Bhi Thi,

Aur Hum Unke Gunahgaar Bhi Thay..

Was it really my fault you blamed me for, I was

cursed for spoiling our relation,A relation which

you had filled with lies, And over several times you

shouted,You shouted with disgust to shut me up,

But how did it change the truth,The truth you tried

to hide away, Which you never confessed,For

which you excused the fear of losing, Of which i

was awared by everyone but you, The person I

wanted to be with forever,The one i trusted to be a

piece of me,I never reay anything could go wrong

with, I dont know if i was overconfident,Or if the

mistake i did being blind on you,Did ever

something happened like you felt as unknown, You

are stranger to me but we are not here alone,I want

to halt but i am being interrogated, Questioned of

how many times being fooled, And above all,

shouldn't had i done this, Had i done a blunder

scratching the truth, Or should had just smiled at the

funeral of my trust, Would that have made our

bondstronger,Vaccating me from within,Leaving

the loyalty, the death song singing.

And Her Lies Were So Beautiful.

Even Knowing The True Intentions, I Kept Falling For Them.

And Now, What Has Become 'Once' ,

Used To Be 'Forever' Back In The Day.

Socha Tou Tha Tark-e-mohabbat Ka Ab Ki Bar..

Lekin Vo Saamne Se Kya Guzre, Dil-e-nadaan Ne
Toh Qayamat Hi Utha Diyi..

And It Has Always Been Like That,

They Come And They Go.

They Never Stayed!

ZAHID ASHRAF

<u>"Unhe ishq kisi aur se tha"</u>

Vo intezar karate gaye, Hum intezar karte gaye

Vo sapne dikhate gaye, Hum sapne dekhte gaye

Vo jhoot bolte gaye, Hum aitibaar karte gaye

Vo kabhi mazak, kabhi tamasha banate gaye, Hum
Kabhi mazak, kabhi tamasha bante gaye

Vo dard dete gaye, Hum dard sehte gaye

Najane kyun unki dil ki baatein humse anjaan rahi

Vo kabhi aaye, tou kabhi gaye, Humne kabhi koyi shikwa na shikayat ki unse

Vo tou kisi aur se mohabbat karte thay, Aur hum unse mohabbat karte thay

Vo kisi aur k liye jeete thay, Aur hum unke liye jeete thay

Vo kisi aur k liye roz-o-shab rote thay, Aur hum unke liye roz-o-shab rote thay

Unki duaa'en kisi aur k liye hoti thi, Aur hamari duaa'en unke liye hoti thi

Unhune jo bhi kiya, humein na koyi gila hai unse na hi koyi nafrat

Jaise hum unke liye tadapte thay, Waise hi tou vo kisi aur k liye tadapte thay

Unki na thi khataa koyi, Vo tou khud fanaah k safar
k thay

Bas aakhir mein yun hua,

mohabbat na unhe mili aur na hi humein

Kyun ki mohabbat ke usoolun se kon bach paaya
hai..

-Zahid Ashraf

Pehle Chaha, Phir Manga Aur Phir Kiyi Bhool Jane
Ki Duaa..

Jane Mohabbat Mein Ab Bhi Konse Marhale Baaki
Thay..

Iss Ishq Kai Safar Mein, Itna Tou Fayida Hua Hamara..

Ki Dil Lagake Tumse, Khud Mai Safar Kiya Maine..

There are voices inside me, Whispering in my ear,Telling me that this is right and this might be wrong. They are playing in my head,My mind is a jumbled mess,Twisting and turning, thoughts are flowing. What if, what seemed to be true is a lie? What if wrong is right, right is wrong! I am growing restless.And all night long, I kept thinking, Until I realise it's 7:00 in the morning. The sun warmed my skin,And kissed my cheeks. A new day begins,While all the questions remain Now I Don't Carry You In My Life,But My "Passwords" Are Not Loyal To Me.

91

And The One Thing I'll Always Hate About School/College :

Feeling Uncomfortable Around Rich Kids.

Laazmi Hai Ibaadat Mein Dil Ka Bhi Jhuknaa..

Mehaz Sar Ke Jhukaane Ko Sajda Nahi Kehte..

"Time Cannot Change Reality"

One Of The Things Life Has Taught Me.

And You Felt Like Home Again.

Maybe I've Forgotten How It Feels To Be Broken.

and you were right there standing, in front of me,

with gleaming eyes, and a smile on your face,i

couldn't contain myslef, my heartbeats were raising,

there was this unusual feeling, like a fear of seeing

you after years,i had goosebumps on my skin,there

were butterflies fluttering in my body, i was all cold,

not knowing what to talk.and you were right there

standing, staring at me, i was lost in your eyes,it felt

like, there was no one around me, but only you,but

there was also fear inside me, of how would you

react,i had this restlessness before meeting you, but

here you were smiling.And that is when I realized,

This is nothing unusual,It's just that my soul loves

you,That i can never lose feelings for you, You

belong in me,Doesn't matter if I don't, Yet I still love

you,And you will be in my heart.

Ye Fajr Ki Azaanen, Ye Gham Bhare Shab..

Kyun Besukoon Hu Mai, Kyun Besukoon Hai Dil..

Aaj Dil Utraa Saa Hai Kuch, Aaj Phir Bechain Saa
Hu Mai..

Aaj Dil Zaraa Saa Tadpega, Aaj Phir Teri Justujuu
Rulayegi..

99

Ye Achanak Se Hum Matlabi Kaise..

Kya Hum Acchay Bas Tabhi Thay Jab Chup Thay..

We had a strange relationship. Were we friends ? Were we lovers ? Were we best friends ? We didn't name it. But we had this strange relationship where you would talk for hours one end and I would always listen for hours without a yawn. On times I would stop doing everything and pay attention to every word coming out of her mouth. I rarely spoke about myself and on days I would slip off a detail here and there, she was quick enough to distract me with other things. She knew very little about me and I knew a lot about her. But we got along well and we didn't know what we were. But we were okay and that was enough.

Vo Akela Nahi Tha Meri Tabaahii Ka Sabab..

Kuch Dost Bhi Shaamil Thay Dil Dukhane Mein..

And I Feel Myself Changing.

Are These Just Vibes?

Or Am I Craving For It Again!

Humein Kuch Unhune Tooda, Kuch Halaat Ne..

Hum Kuch Ishq Mein Roye, Kuch Hijr Mein..

Chal Pada Hun Phir Se Unhi Raahun Ke Janeb..

Kaash Ke Ab Ki Bar Mohabbat Hona Hamare Bas
Mein Ho..

Ye kya ki humein khud se adawat hone lagi hai..

Kya anjam-e-mohabbat mein aksar yahi hota hai..

She had been caged for long, Her mind is brave,Her heart is strong.Her wings are wide,And there is a fire in her eyes.It's her very first step toward freedom to fly.Her dream to fly, took her high The sky is gloomy,While moon is shy. Looking at her fierce smile,The thunder strikes.Out of the fear,she lost her balance and fell in a cave of men. Mourning in agony she kept crawling,Until a man arrived.He healed her under the stars and kept her under his arms.Her journey begin again, Her passion kept her awake.Leaving her scars behind, she flew high.

Leaving her pain aside, she flew high.

She was only dreaming life, then what went wrong
?

WOMEN have always been treated as liability !!

Ab Dost Bhi Aane Lage Hai Berukhii Se Pesh..

Unka Bhi Dil Bhar Gaya Hai Humse Shayad..

Chalo Maana Ki Kam-Aqal Thay Hum, Hogaya
Ishq..

Par Tum Toh Diyanatdar Thay, Phir Tum Kyun Dil
Laga Baithay..??

"Aur uss din"

"Aur uss din usne kaha tha usse mohabbat hai humse

Abi bhi yaad hai humein vo din, jis din usne kaha tha usse mohabbat hai humse.. Kash ki ye din bhi wohi din hota, jis din usne kaha tha usse mohabbat hai humse

Hota hamare bas mein tou waqt ko bhi rok dete, Uss ek din mein saari Zindagi bita dete, jis din usne kaha tha usse mohabbat hai humse

Uthaya bhi na gayi nigaah kisi aur k janeb, uss ek din se jis din usne kaha tha usse mohabbat hai humse

Aata gaya vo khayalun mein musalsal, Unki mohabbat mein bhi qaid se hoke reh gaye thay hum, uss ek din se jis din usne kaha tha usse mohabbat hai humse

Sajde bhi kiye humne, Mannate bhi maangi humne, Phir bhi na jane kya reh gaya tha Vo ek din jo tha, uss ek din k baad hai har raat ki yahi

kahaani, har raat dil ka tadapna, Phir kuch bechain hona, phir teri justujuu mein rona

Gar mohabbat nahi thi unhe, phir bhi kyu kaha unhune, Ye sawaal kar Nahi paraha, uss ek din se jis din usne kaha tha usse mohabbat hai humse

Bhale hi tha sab fareb uss din ka, thi mohabbat bhi jhooti hi sahi uss din ki, Phir bhi dil khush tha uss ek din se jis din usne kaha tha usse mohabbat hai humse

Maana dikhawa hi sahi, adakaar hi sahi, matlabi hi sahi, Phir bhi dil ko koyi malaal nahi unse, uss ek din ka din usne kaha tha usse mohabbat hai humse

Ab iss dil ka tadapna, tadapkar sambhalna, sambhal kar ye kehna, Mohabbat hai unse, rahegi hamesha

Manzil hamari wohi thi hamesha, Shayad hi mohabbat ab hogi dobara

Iss dil ki kahaani sunayi muqammal. Magar safar hamara adhura reh gaya tha

Ye keh kar choda unhune humein, ki mohabbat nahi thi uss ek din bhi jis din kaha tha mohabbat hai tumse

Kaash ki ishq hona hamare bas mein hota, Kaash ki vo din kabhi aaya hi na hota

Uss ek din k baad har din hu khudko dhoondta,
Kaash ki vo din kabhi aaya hi na hota

Nahi mil raha hu khudko, khudse hu kahin dhoor jaa
basa, Kaash ki vo din kabhi aaya hi na hota

-Zahid Ashraf

People Are For You...

...And Then Suddenly They Ain't.

And Just When I Thought I've Learnt How To
Unfeel Love,

The Night Approached Again!!

Kabhi chahte hai koi ho tou kabhi kisi kisi ka hona nahi chahte..

Ye baat sach hai ki maujood nahi vo tou dil bhi nahi lagta..

We never accept we are in love in a heartbeat. We keep rejecting the feeling as if it is going to pass away. Denial at its peak, as we are so scared of being in love. Why? Why don't we ever accept it as quickly as we can ? Why are our hearts so scared of this sacred feeling ? What have we come to ? We are so scared of being in love and no matter how right it feels, rejecting our feelings seems like a better option than accepting the love that we feel and putting ourselves at the mercy of another one to love us back and not crush us under their feet. Why?

Aur ab ek ek kar ke sab dil se utar rahe hai..

Kya hum ache nahi hai ya phir hamare sath koi acha nahi hai..

Gar ho marez-e-mohabbat tou itna jan lo..

Dil mutmayin waqt se nahi tasalli se hoga

Seekhay hai humne bhi Zindagi se kuch usool..

K bina matlab na dost milte hai aur na hi mohabbat..

and there comes the morning, after a frightening dark night, there comes the sunshine,which makes way through my window, and shines on my face,making my face glow, i half open my eyes,as the sunlight hit my black eyes, making them shine.i walk to the window,flower blossoming in the garden, beautiful and purple,through my window i see,a butterfly fluttering around it, all bright and beautiful,And wonder the world isn't a bad place to be, The night's seem scary,Because I feel lonely, But little things like these Give me hope and make me happy, They make me believe that,When there is darkness, There comes light too.So I smile and cherish the little moments.

K khabar rakhna agar hijr ki wajah hai..

Tou hum bekhabar hi ache hai ishq k karwaan mein..

123

Aap urdu adab k shah, aapse kya muqabala...

Bas hum haal-e-zindagii se seekha haal-e-dil sunate hai..

Let me cry until I can cry no more, Let it hurt until

it hurts no more, Let it burn my heart,And make it

bleed,Let it make me fall down to my knees, Until

it gets hard to breathe.Then let me healSo that I can

laugh even more than I've ever cried, And wear the

experiences of battles that I survived....And be

happy again.....So that I can appreciate the ease

better, When I am done with the pain.And be

grateful for my losses As well as for my gains.

Phir ek raat charag mujse puchne laga..

'zahid' Mai roshan tou doosrun ko karunga lekin mere liye kon roshan hoga??

Vo aur baat, Sajda khaliq ko tu kar raha hai 'zahid'

Lekin sajda dil ka na ho tou vo sajda kaisa??

127

I had ambitions,

But responsibilities weighed more!

Shayad ab ishq utarne laga hai sar se..

Muddatun baad bhi ab vo humein yaad nahi aate..

Taluq jo rakhna hai humse, tou aitibaar karna tum
bhi seekh lo..

Ab ye mohabbat tou nahi jo ek tarfa ho jaye..

Phir uske baad mai thek se kabi roya nahi tha..

Vo shakhs meri zindagi se jab rukhsat hua tha..

'Zahid' Dil ka sukoon talashte ho ahbab mein..

Kbi sajdoon mai b talaash mil hi jayega tujhe..

Vo jo meri zindagi se ab dhur tak waasta nahi rakhte..

Ab unki kasmein de kar kya manaoge tum humein..

Hota hamare bas mein tou waqt ko rok dete..

Uss ek pal mein saari Zindagi bita dete..

Kuch yaadein, kuch zimehdari, kuch dil ka tootna tou kuch doostun ka saath choutna..

Zindagi k kash-ma-kash mein zinda tou hai lekin jee bilkul nahi rahe..

This night is cold I know, But what the future holds for you I wish I could show. I wish I could make you realize,How beautiful are your dream filled eyes. It hurts I know,But this is how we grow. Now get up and stop crying,And don't you ever stop trying. I want you to understand,Your hardwork is your magic wand.And that smile of yours can light up the room, Your struggles will make sense soon.Your not the only one It happens with all,Life gives us challenges sometimes big, sometime small. But the real heroes are those who get up after they fall.

Tum humein mohabbat ka saleeqa kya sikhavoge aye dost..

Fanaah k safar pe thay hum phir b raah na badli Kabhi..

137

Tumhari yaad jab bhi aayi tou musalsal aati hi gayi..

Ishq ki tarah ispe bhi zapt nahi mera..

Na koii murshid mai mohabbat ke ilm ka, na hi mai
koii ishqay ka aalim..

Haan magar itni tou kahabr hai humein ki baa qaid-
e-ziist hogya vo mohabbat jis jis ne ki..

Mohabbat k qisse mai hakeeqat hi kuch aisi thi..

Hamara safar bhi fanaah ka tha, aur vo bhi khud fanaah ke safar pe thay..

Mohabbat ke usoolun se waqif nahi hai hum..

Haan magar itna jaante hai, sajda dil ka na ho tou sajde zaaya na kar..

Mohabbat karne walu mein garz nahi mila, magar
be-garz mohabbat se kuch nahi milta..

Tareekh gawah hai chahay raanjha ho ya majnu,
unke jaisi mohabbat karne se b kuch nahi milta..

Dost kehte thay bin chuwe vo tera nahi,

Magar aayi ye baat humko kabhi gawara nahi..

Arey mohabbat mein tou chuna lagta tha humein gunaah se kam nahi,

Chahe chu k bhi dekh lo aye dost, agar vo tera nahi tou bas tera nahi..

ZAHID ASHRAF

"Kashmir"

"Kashmir ke faisle ka hak, Sirf kashmir ke logun ka hai"

Koii ahl-e-sitam se ye jaa ke batlaye, Kashmir ke faisle ka hak sirf Kashmir ke logun ka hai

Jo Kashmir ko tod kar banana chahte thay Hindustan, Jamia aur Assam ko bhi kar gaye vo khoon-e-saar

Baat bas Kashmir ki nahi rahi ab, Ye inka dastoor bhi sahi nahi ab

Aaye thay ye adakari se badalne Kashmir, Ban raha hai inki wajah se Hindustan bhi Kashmir

Na inme saleeqa hai na hi insaniyat,

Bane rahe hai masoomun ka khoon bahaake jumhuriyat

Awaaz na uthavoge tou tum bhi inme shamil, Sauth na doge hamara tou tum bhi ek qaatil

Karte gaye vo zulum, hum darguzar karte gaye Karte gaye vo sitam hum hosla rakhte gaye

Jis din sabr ki inteha hogi ye jaan lena, Bardasht ka hukum humko bhi nahi ye yaad rakh lena

Haan bhule nahi vo zulm jo kiya gaya humpar, Haan bhule nahi vo jabr jo kiya gaya humpar

Nahi bhulenge hum ye sab yaad rakha jayega, saare shaheedoon ka badla liya jayega

Ye Kashmir hamara hai, Yahaan ka faisla bhi hum hi karinge

Kyunki Kashmir k faisle ka hak sirf Kashmir ke logun ka hai, sirf Kashmir ke logun ka hai

"Koii ahl-c-sitam se ye jaa ke batlaye, Kashmir ke faisle ka hak sirf Kashmir ke logun ka hai." "Koii ahl-c-sitam se ye jaa ke batlaye, Kashmir ke faisle ka hak sirf Kashmir ke logun ka hai."

ZAHID ASHRAF

About Author

Freelance writer, Poet, Voracious reader and a Motivational speaker. Zahid Ashraf, A 21 years old Bpharm pursuing student at GCOP Aba'd Maharashtra was born and raised in Sopore (A town in Baramulla North Kashmir), but his nomadic inclinations made him encamp in New Delhi, Chandigarh, Mumbai, Pune, Aurangabad, Mohali, Amritsar, Haryana and Kashmir, where he currently lives with his family. He turned to writing in 2014 as a novice and now is an ardent writer. He has inspired many by his poetry, prose, short stories, tales, words of courage, the power of love, feelings and emotions etc. Now he wants to create a name for himself in the world of fiction.

To connect with him.

Follow him on Instagram @zahid__ashraf

Email : stillunknown112@gmail.com

www.ingramcontent.com/pod-product-compliance
Lightning Source LLC
Chambersburg PA
CBHW020547160726
47991CB00002B/616